Hoy te siento *mía*

PEDRO VÁSQUEZ

Hoy te siento *mía*

Primera edición, 2021

ISBN: 978-1-951484-80-4

Snow Fountain Press
25 SE 2nd. Avenue, Suite 316
Miami, FL 33131
www.snowfountainpress.com

Dirección editorial: Pilar Vélez
Edición y correción de textos: Marina Araujo
Diseño y diagramación: Alynor Díaz

Impreso en los Estados Unidos de América.

A aquellas almas dispuestas a amar a la antigua,
así, de verdad

ÍNDICE

COMENTARIOS DEL POETA

¡Ah, princesa mía,
cuan bellos son tus pies en las sandalias!
Las curvas de tus caderas son como alhajas
labradas por hábil artesano.
Tu ombligo es una copa redonda,
rebosante de buen vino.
Tu vientre es un monte de trigo
rodeado de azucenas.
Tus pechos parecen dos cervatillos,
dos crías mellizas de gacela.
Tu cuello parece torre de marfil.
Tus ojos son los manantiales de Hesbón
junto a la entrada de Bat Rabín.
Tu nariz se asemeja a la torre del Líbano,
que mira hacia Damasco.
Tu cabeza se yergue como la cumbre del Carmelo.
Hilos de purpura son tus cabellos;
¡con tus risos has cautivado al rey!
Cuán bella eres amor mío,
¡cuán encantadora en tus delicias!

Cantares 7: 1-6

EL ANHELO DEL AMOR EN LA POESÍA DE PEDRO VÁSQUEZ

En *Hoy te siento mía*, el poeta nos lleva a esas aguas donde la calidez de la palabra es una ráfaga de viento, una provocación a no poner freno a la pasión y elevar, cual barco de vela, el mástil de las ilusiones y el deseo. Sus versos son ventanas abiertas que ponen de manifiesto la necesidad natural del ser humano de amar y sentirse amado, y confesar el dolor que le consume cuando la razón o la realidad se anteponen a la cristalización de ese encuentro cósmico, que bien pudiera cambiar su rumbo.

Las páginas de *Hoy te siento mía* se abren inocentes, como hojas recién nacidas que brotan para asirse del viento, el agua y la luz. Así es la poesía de Pedro Vásquez, emana libre a su destino llevándonos por senderos donde la sencillez aviva aquellas emociones del amor y la ingenuidad, sin miedo a exponerse y develar que es la fuerza del amor la que erige su escritura.

Su voz no se esconde tras las palabras ni las formas, aflora sincera como la hoja recién parida que emerge para alimentar el ciclo de la vida. Su poética es una invitación a reconectarnos con el amor y experimentarlo en la intención, la palabra, el impulso, la caricia, el beso y a llenarnos de valor para concedernos el disfrute de la pasión.

Permitámonos, entonces, una licencia para este viaje romántico y en la travesía de estas páginas recordar que, con tan solo el cruce de la mirada, dos almas pueden encender el fuego eterno.

Pilar Vélez
Escritora

EL RONCO SONIDO DEL DESEO

Hay que inventar una nueva soledad para el deseo. Una vasta soledad de delgadas orillas en donde se extienda a sus anchas el ronco sonido del deseo. Abramos de nuevo todas las venas del placer. Que salten los altos surtidores no importa hacia dónde.

—Álvaro Mutis—

Summa de Maqroll el gaviero. Poesía reunida (2008)

ÁMAME

Ámame esta noche.
a tu manera.
    sin tregua
    sin esperanza
    sin sentido
    sin aliento
    sin piedad…
Ámame con la intensidad de tu corazón.

Ámame esta noche
a mi manera
    sin distancias
    sin ausencias
    sin enconos
    sin recuerdos
    sin tiempo…
Ámame centrada en la eternidad.

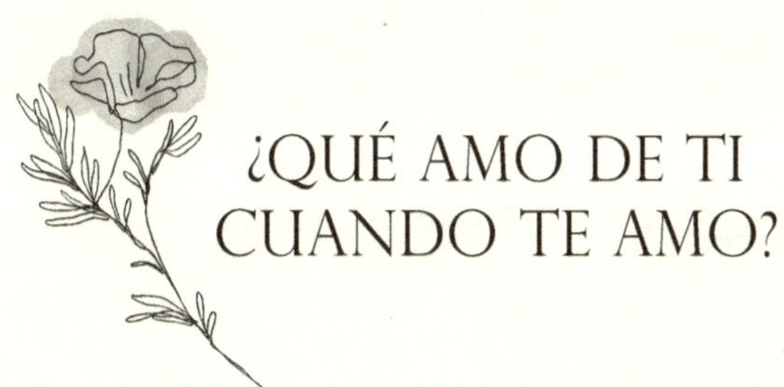

¿QUÉ AMO DE TI CUANDO TE AMO?

«No me pidan razones, no las tengo,
o daré cuantas quieran: bien sabemos
que razones son palabras, todas nacen
de las mansas falsedades que aprendemos»
José Saramago *Poesía completa (2005)*

¿Qué amo de ti cuando te amo?
¿Acaso es tu jardín que hace infinito mi deseo?
¿Tal vez tus sueños?

¿Amo la miel de tu boca,
la llama de tu vientre
tu libertad, tu luz, el museo de tu ser?

¿Qué amo de ti cuando te amo?
¿Tu silencio, o el bullicio de tus suspiros?

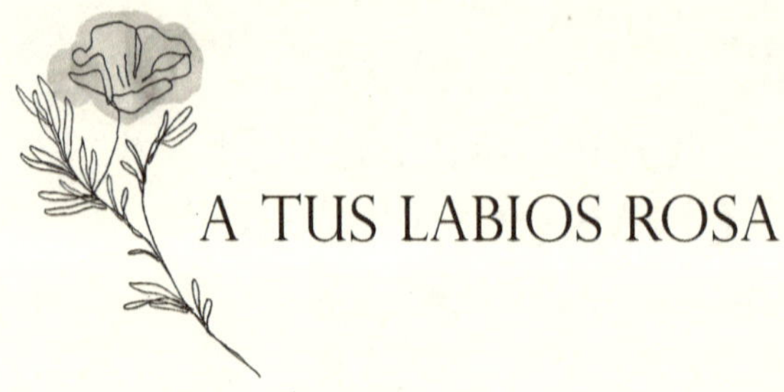

A TUS LABIOS ROSA

¿Quién podría imaginar
que me entorpecerías?

Como ángel libre solía volar.

De pronto,
¡contaminaste de amor mi memoria!

Y este terco corazón,
que podía vivir sin amor,
enloqueció.

Al escucharte…
cayó rendido ante tu melodía.

Ahora,
preso de tu hechizo,
deliro
por el rosa de tus labios.

A TUS OJOS

«Tus ojos serán una vana palabra,
un grito acallado, un silencio»
Cesare Pavese, *Vendrá la muerte y tendrá tus ojos* (1950)

Cuando en tus ojos me veo,
respiro felicidad.
No hay aire que no esté lleno de ti.

Pero, si me acerco,
pierdo mi libertad.

¿Cómo he de vivir libre si no puedo respirar?

ENAMORADO

La noche llega…
    Al ver el firmamento,
    me descubro,
        te pienso,
        te siento.
        Dejo que los astros me confundan
        que inventen una nueva cercanía.
Quiero decir
    te amo,
    demostrarlo.
Quiero gritar
    ¡has apuñalado mi pecho!
Quiero creer
    que esta vez será distinto,
    disipar la nube de mariposas
    recorriendo mi cuerpo
    hasta fundirme a ese cielo temeroso
    como la incertidumbre que me acecha
    cuando pienso que, en tus brazos,
        acabarán mis amaneceres
        …y mis ocasos.

GITANA

¿Cómo llego a tu corazón, gitana?
¿Seré arrastrado por tu encanto?

Como una hoja que el viento eleva,
así me siento cuando te veo.
    Eres la brisa caprichosa
    del vaivén de mi vida.

Tiembla mi voz, mis labios, mi alma
y…
    mis pies…
    mis pies solo desean correr.
Anclarme a tu tierra y olvidarme del viento

Mas
tu mirada me detiene
    …como un barco perdido en la eternidad.

ASÍ TE QUIERO

«La amistad nada puede, nada pueden los años
de vuelos elevados, de llameante dicha,
cuando es el alma libre y no la vence
la dulce languidez del goce y la lascivia»

Ana Ajmátova, *Réquiem y otros poemas* (2009

Así te quiero,
así te amo,
con tu sonrisa de sol
y tu mirada de luna.

Así
quiero que pasemos la vida,
sin ansiedad, en armonía.
en la calma de un corazón
que no teme.

Así te quiero
a veces tormenta
a veces llamarada,
a veces distante.

Así te quiero
para vivir en tus ojos,
llorar en tus mejillas.

Sonreír con un «¡hola, buenos días!».
Y cuando la noche me abrace
...beber contigo la noche y el vino.

BAILA CONMIGO

«Del fondo más profundo de la noche
surge este sonido planetario y rugiente que arranca
de lo más hondo del alma
las palpitantes raíces de pasiones olvidadas»
Álvaro Mutis, *Summa de Maqrol el gaviero* (2008)

Baila conmigo este instante
baila conmigo, mujer
que las hadas,
en su secreta danza,
nos envidien…

Baila conmigo, cenicienta
enloquece junto a mí
sé mi cuento,
sé mi fabula
sé…
el universo de mis versos.

Baila conmigo este palpitar
el cosmos toca nuestra melodía
entreguémonos al amor.

Baila y olvida
	el recuerdo que acosa vulnerable.
Bailemos la sinfonía
que abandona la memoria
níveo regalo del presente.

QUÉ DICES SI…

Qué dices
si nos damos la oportunidad
de amarnos un poco más
de ser más que amigos
de querernos sin la pena de los demás.

Qué dices
si juntos viajamos
al sendero de la felicidad
que importa extraviarse
si el amor es inmortalidad.

Qué dices
si le sumamos
nuestra luz a esta oscuridad
ahuyentar juntos
el miedo a la inseguridad.

Qué dices
    si soñamos
con el país de la libertad
donde nuestro amor presumamos
sin que nos tachen de inmoralidad.

Qué dices
    si te vienes conmigo
al paraíso de fuego
aunque este amor sea prohibido
yo elijo vivir contigo.

INSTANTES…

Amo cada instante que disfruto a tu lado,
cada momento es eterno en mi memoria,
cada segundo gastado, tiene significado.
Es que a tu lado ya no hay discordia.

Extraño los minutos que te ausentas,
los momentos que la vida me lleva a cuestas;
cada vez que de mis labios salen las propuestas,
solo en tus ojos yo encuentro las respuestas.

Anhelo verme siempre en el reflejo de tus ojos,
que el sol brille y nos traiga ocasos rojos,
al final seré yo quien calme tus enojos,
pues entre los dos nació algo más que antojos.

Hace un año que estás ausente en mis sueños,
miles de minutos extrañándote en silencio,

extraño tu cara bonita, tu cuerpo de diosa,
tu silueta de sirena, ¡princesa!

Amo cada instante que pienso de ti;
quiero ser feliz a tu lado, ven a mí.
Y el vacío que la distancia ha causado
será saciado con la sombra de tu cuerpo.

De mi corazón brotan los poemas
que a diario te escribo,
los que se graban en tu memoria:
instantes eternos que no volverán jamás.
Instantes perfectos cuando tus ojos veo.
Instantes inolvidables si duermo en tus brazos.
Instantes que se desvelan amándote en silencio.

Momentos que, como en un cuento,
se vuelven reales si me besas…

Quiero convertir el instante
en un final feliz…

AVENTURERO

Perdido en el universo de tu cuerpo
me encontré con el nirvana de tus senos.
Voy caminado tus veredas
en busca del tesoro en tu planeta.

Mis latidos comenzaron a tener sentido
desde que llegaste a mi vida
dándole a mi corazón
la oportunidad
de seguir cantando con alegría.

No me dejes solo en este laberinto
que atrapó a mi alma
en la locura de tenerte
y entregarme a tu fortuna.

Eres tan mía como mi poesía
yo tan tuyo como el universo.
Eres la anhelada mariposa
que hizo suyo mi frágil corazón.

ABRÁZAME

Abrázame… quédate un poco más…
Mira que el frío bajo mi piel
solo tu calor lo puede quitar.

Déjame saciar mi sed
con tu rocío de azucena
y con tu dulce presencia
llena el vacío que dejó la ausencia.

La ausencia de tus palabras,
de tus suspiros, de tus lágrimas
de tus labios, de tus abrazos…

¡Abrázame!, te necesito.
Ves que el vacío es intenso,
mas intenso es el deseo
de refugiarme en tu pecho.

¡Abrázame!, que mis lágrimas se calmen
porque te aseguro que moriré en soledad
si tú no llegas a quitar de mis ojos,
la triste y dolorosa oscuridad.

BIENVENIDA

Bienvenida a mi mundo
de fantasía y sueños
de erotismo y deseo
de mar agitado y quieto.

Bienvenida a mi paraíso
de invierno y verano
de primavera y otoño
de fuego y hielo.

Bienvenida a mi planeta
de montañas y lagos
de praderas y valles
de agua y vino.

Yo te quiero tal como vienes
sin peros ni condiciones
tus besos como acciones
y tu mundo de tentaciones.

No habrá escasez de emociones,
he esperado tanto el momento
estos años me sirvieron de ejemplo
para poder controlar mis acciones.

No te despojes de nada
ven como princesa o hada
cenicienta o malvada
en la cama da igual,
si eres diosa o eres diabla.

El color negro en tu piel de nieve
enloquece mis pensamientos
desordenas los acontecimientos
en el universo de mi mente.

Eres infierno y cielo
paraíso de fuego
me quemas con la mirada
me matas con tus palabras.

Has convertido en demonio
al santo ser que hay en mí
dame a comer de tu manzana
que por eso he venido hacia ti.

He ayunado muchos años
la verdad, desde que te conocí
deje a un lado lo santo
para imaginarme junto a ti.

DESAFÍO

«…la palabra, ya, en sí, es un engaño, una trampa que encubre, disfraza y sepulta el edificio de nuestros sueños y verdades, todos señalados por el signo de lo incomunicable»

Álvaro Mutis, *Summa de Maqrol el gaviero* (2008)

Afronto tu mirada y disimulo
atrapado en tu estampa
no tengo un espacio libre de ti.

Afronto el amanecer de este amor
olvidando el atardecer del adiós
reencontrándome en la noche de tu desdén.

Tu presencia, combustible de respaldo
hasta el final de los días
no tengo temor si tus ojos me guían.

SIN TI

«Desaparecieron las sombras de goces y pasiones
de la memoria, como una carga inútil.
Y una vez vacía, el Señor le ordenó
convertirse en un libro de noticias terribles»
Anna Ajmátova «Entre los poetas míos» *Cuaderno de poesía* (2014)

¿Por qué tengo que estar sin ti
si me la paso bien contigo?
¿Tengo que renunciar a ti
por estereotipos de los vivos?
Muertos incomprensivos,
soy yo quien va a pagar el castigo
por disfrutar un amor no correspondido.

Acaso puedes detener el avance del río
aunque le pongas muros enfrente
el amor siempre será tan fuerte
como el viento que impulsa al navío.
Y si por este atardecer amorío
tengo que navegar en ese sucio río
estoy consciente de que mi suerte imprudente
me llevará a ese puerto, aunque sea de un capitán diferente.

DIME

¡Todo era amor… amor! No había nada más que amor.
En todas partes se encontraba amor. No se podía hablar más que de amor.
Amor pasado por agua, a la vainilla, amor al portador, amor a plazos.
Amor analizable, analizado. Amor ultramarino. Amor ecuestre.

Oliverio Girondo *Espantapájaros (al alcance de todos)* (2008)

Dime que sin mí tu sol no brilla
que se apaga la luz de tu luna.
Porque sin ti, yo quedo a la deriva
como barco atrapado en la laguna.

Dime que en silencio me llamas
que gritas mi nombre
mientras me sueñas, te quema la llama
por desear que sea tu hombre.

Dime que soy tu fantasía
tu hombre deseado
Porque tú eres mi alegría
en este universo desierto.

Dime lo quieras, verdad o mentira
pues me alegro con saber
si tengo esperanza de beber
del agua que baña tu fuente bendita.

YO

«Nuestra realidad más íntima está fuera de nosotros y
no es nuestra, tampoco es una sino plural, plural e instantánea,
nosotros somos esa pluralidad que se dispersa...»
Octavio Paz, *El mono gramático* (2009)

Yo, también he vivido quimeras
cuando me imagino en tus brazos

Y también camino cabizbajo
sin tu *hola* en las mañanas.

Y sueño despierto con tus labios
asido a tu cuerpo sin más piel que tu piel.

Yo tengo ganas de calmar mi sed
con néctar de tu ser.

Y me niego a vagar en este mundo
sin la presencia de tu espíritu, mujer.

Yo, no tengo más remedio a esta locura
que la ilusión de verte una mañana
antes de que el sol disipe nuestro sueño
y la oscuridad nos ilumine el alma.

NO PREGUNTES

«Tú que callas y sientes esa sombra en tu pecho, Tú que abres la penumbra de las grandes preguntas. Sabes que sólo hay hierba si tú miras la hierba, que hay estrellas porque las oyes titilar»

William Ospina *Zanzetti (*2018)

No me preguntes por qué te quiero
en verdad, yo tampoco lo sé
solamente te quiero
porque es hermoso querer.

No me preguntes cómo
mis labios no lo pueden pronunciar.

No me preguntes si estoy loco
es algo que no puedo controlar.
Te veo y el alma brota de mi carne.

No me preguntes por los versos
que describen tu ser natural
la vida me lleva al esquivo
cuando te muestra, diosa ancestral.

No me sigas preguntando, vida mía
porque te escribo a escondidas
bruja y bestia caminan
un sendero con espinas.

No te preguntes por qué
la médula de mi ser
con tantos asuntos
se enamoró.

LO INMENSO CABE EN EL ALA DE LOS PÁJAROS

…no tenía nada que ver con la inmensidad.
Lo inmenso cabe en el ala de los pájaros.(…).
Se podía comprender entonces que en el amor
no cabe la abundancia. Cabe sólo la plenitud.
La entrega de la amante a su amante es una
luna llena. El roce de las manos de los que se
aman es como un capullo entreabierto. No hay
mayor redondez, ni la del mundo, que pueda
compararse a la de una caricia…

—Ida Gramcko—

La Andanza y el hallazgo (1972)

¿QUIÉN SOY?

«...cuando ya estamos rendidos de caminar y
el día va a quebrarse, gritamos enloquecidos
y angustiados, para no perdernos en la sombra:
¿Quién soy yo?»

León Felipe, *Ganarás la luz* (2006)

¿Quién soy?
me pregunto.
    ¿Adónde me dirijo tan de prisa
    cual si fuera fuerte brisa
    que el reposo perdió?

Me busco entre libros de historias,
entre líneas del pasado.

Saco tu recuerdo de mi memoria
y cosas que el tiempo debía haber borrado...

¿Quién soy?,
me pregunto.

Las preguntas inundan mi vida
¿Cómo curarle al corazón la herida?
¿Cómo deshacer lo que duele de un soplo?

ERES

«En la poesía no hay final feliz/ los poetas acaban/ viviendo su locura»
José Emilio Pacheco, *En resumidas cuentas (*2005)

Un ser perfecto
hueles a peligro
y así te quiero
sabes a infierno
y te deseo
me burlo de la muerte
y la prefiero.
Locura, desenfreno
ser tu prisionero
atizar para siempre
tu capricho en mi hoguera.

INESPERADO

«Llegas cuando menos te recuerdo, cuando más lejano pareces de mi vida.
Inesperado como esas tormentas que se inventa el viento
un día inmensamente azul. Luego la lluvia arrastra sus despojos
y me borra tus huellas»

Meira Delmar, *Alguien pasa* (1971)

De pronto apareciste
y me desvanecí cual azúcar
en el café de tu mirada.

Perdido en la arena de tu mar
atrapado por la ola de tu beso
naufragué en el barco de tus palabras.

De pronto llegaste
y el inquebrantable invierno
se volvió primavera.

SIN NADIE A QUIEN AMAR

«Los amorosos andan como locos
porque están solos, solos, solos,(…)
llorando porque no salvan al amor»

Jaime Sabines, *Nuevo recuento de poemas* (1977)

Ya no tengo a quien amar,
nadie con quien pueda compartir,
alguien que me ame y me haga sentir
que mis lágrimas no llenarán el mar.

Frágil soy como el cristal.
Quiero una rosa o un jazmín
que perfume mi jardín
con aroma de cañaveral.

Poco a poco se escurre mi día
como agua entre mis dedos
y voy quedando ya sin melodía,
sin historias.... sin anhelos

Se acortan los días
por mi alma confundida.
Se me acorta la vida
sin tu tierna compañía.

Ya se acabaron los motivos
y no queda más por qué luchar.
Estoy cansado de caminar solo
y se turban mis oídos
si no escuchan tu risa.

¿Por qué escondiste tus caricias
detrás de tu ausencia?

Ya no tengo a quien amar,
no hay más que decir,
si no decido seguir
mi destino será llorar.

Pero si lloro, lloraré por ti.
Mis lágrimas no pueden mentir,
el amor no se puede medir
si mi alma está vacía.

HE DESCUBIERTO

«…aventurarse ingenuo en las piruetas
por fingir que puede desterrarse
la espantosa verdad de los sonidos
u otra vez descubrir, en el envés del tiempo,
que todo lo que pude ser tan sólo era
ser contigo»

Santiago Montobbio, *Donde tirita el nombre* (2010)

He descubierto…
—contigo—
la vida es más liviana.
Los vientos cambian,
el mar es infinito.
Pero mi barco flota, si vas conmigo.

He descubierto…
—contigo—
la tristeza necesaria
para anhelar tu abrigo.
Contigo, cada lágrima es una gota de felicidad.

He descubierto…
—contigo—
la salida de mi laberinto
la conjugación de arena y mar.
el secreto de la alegría.

Lo hermoso de la noche
las lágrimas de luz que llora la luna,
la estrella que le falta al cielo,
he descubierto
    ...contigo.

MIS LÁGRIMAS

«Es para llorar que buscamos palabras en el corazón.
En el fondo del viento que hincha nuestro pecho»
Vicente Huidobro *El ciudadano del olvido* (1941)

De pronto…
mis lágrimas hicieron un mar sin tregua
que anida en la palma de mis suspiros…

He llorado tanto
que mi mar se ha hecho lago... pozo
minúscula fracción que se extingue.

No la odio ni la culpo.
¿A quién se puede culpar
cuando el amor llega hasta los huesos?

Sin propósito, sin intención
el amor inunda.
Y cuando se va
deja ríos de llanto
desesperados por salir

¿Sabrá ella que solo un rencor salado queda dentro de mí?

SOLLOZO

«Abrir las canillas, las compuertas del llanto. Empaparnos el alma,
la camiseta. Inundar las veredas y los paseos, y salvarnos,
a nado, de nuestro llanto»
Oliverio Girondo, *Espantapájaros (al alcance de todos)* (2008)

Mi llanto se agranda
bajo la negra luz
de la hoja de cristal.

Mis huesos se aflojan
perdidos en lecciones,
la inspiración se torna roja
en un caudal de risa
que se vuelve final
antes de empezar.

EL PASO DEL TIEMPO

«Y a la orilla del mar que es mi memoria/sigue creciendo el insaciable desierto»
José Emilio Pacheco, *En resumidas cuentas* (2005)

Creí olvidarme de ti,
con el paso del tiempo
mas terminé gimiendo como el cielo…

Lloro memorias
…ilusiones
…momentos.
No se deciden los recuerdos.

La nostalgia me arropa
me enreda en la luz profunda de tus ojos negros.

El paso del tiempo me dejó preso,
preso de este amor, que por ti profeso.

MELANCOLÍA

Estoy recordando las palabras que te prometí,
y las mentiras que me han causado frenesí.
Yo te amé, te amé con la inmensidad de un mar,
con la intensidad del alma que solo desea amar.

Y cuento las horas que pasaron desde ayer,
los momentos felices que me has hecho tener;
no me importa que mi cariño no te pueda retener
si en tus brazos murieron los miedos del ayer.

¿Qué somos sin consumar nuestro querer?
¿Qué somos si no hay lluvia bajo nuestro ser?
¿Qué somos si vivimos separados, hermosa mujer?

Dejé de ser el poeta
que te hizo enloquecer
que derramó el vino y se embriagó con tu desdén,
que dejó su huella de amor en tu piel
y la luz encendida que te lleva al Edén.

Esta noche déjame ser yo,
    en tus brazos.
Deja que florezca mi hombría
besando tu vientre, mujer.

Quiero amarte desde la puesta del sol
hasta un nuevo amanecer.
Quiero que el universo sea solo uno
    el que encuentre en ti...

CUANDO YA NO EXISTA MÁS

«Me iré despacio un amanecer
que el sol vendrá a buscarme temprano.
Me iré desnudo, como llegué,
lo que me diste cabe en mi mano»

Joan Manuel Serrat, *Cuando me vaya* (canción)

Cuando el sol desaparezca
y deje de brillar la luna,
no caminaré a oscuras,
¡tú serás el lucero
que alumbre mi sendero!

Cuando me ausente de esta tierra
y no quede más por hacer,
son tus ojos grises
lo último que deseo ver.

Si me negaras el privilegio
de ver tu cara bonita,
me sentaré a recordar esa sonrisa,
sonrisa que embruja…

Y sé que llegaré a sentir
lo que me enamora de ti…
El corazón a punto de partir
dará su último golpe, pensando en ti.

Cuando todo haya terminado
y la eternidad me espere,
diré: «¡Tumba fría, aunque me has ganado,
jamás de mi amada, me has separado!».

Porque después de muerto,
te amarán mis huesos
y estos humildes versos
quedarán repitiendo,
en algún lugar del tiempo
la historia de mi amor.

SI SE ACABARA LA VIDA

«De tanta vida que hubo aquí, de tanta
grandeza derrumbada, sólo perduran
las pasajeras flores que no cambian»
José Emilio Pacheco, *En resumidas cuentas* (2005)

¿Si se nos acabara la vida?
¿Si ya no tuviéramos más mañanas?
¿Si regresásemos al polvo que nos originó?
¿Quién se preocuparía por la vergüenza del desdén?
En el más allá, todos tenemos desnuda el alma.

¿Y si me amas hoy y olvidas un instante el odio?
¿Y si me das la oportunidad de conquistarte?
¿Y si mañana estaremos tocando el cielo
con las manos del placer?
Entonces, acabemos el romance
en esta noche sin consuelo
después de esto,
ya no habrá lluvia, ni noche oscura,
solo un héroe, un albañil…

¿Y si nuestra obra es perfecta después de la muerte?
¿Qué obra de arte es la que nos hace un mártir?

¿Qué más da si olvidar o amarte?
¿Y si morimos juntos en esta primavera eterna?
¿Y si deseamos entrar por las puertas
del deseo como dos amantes?

Recuerda…
    hay ángeles esperando llevarnos ante el
    Sublime.
    Ante las puertas del final no habrá más
    excusas.
Entiende…
tu alma y la mía, solo desean amarse
    hasta que la eternidad termine.

CONTIGO

Contigo
despertar tiene sentido
los lunes son soles que atraen
y la vida es un panal de mieles.
Contigo
la lluvia es un beso
el paso del tiempo una caricia
los ocasos se tiñen de verso
y el quebranto es una leve lluvia pasajera.
Contigo
llego a mi raíz
y me dibujo en mi sombra
mi vida se extiende
tan robusta como un tronco.
Contigo
la vida no duele
las horas son refugio
maná que sigue cayendo
desde el cielo.
Contigo
Soy todo
árbol, nido, semilla
la hoja feliz
impregnada de tu luz.

NO ES NORMAL

No es normal pensarte tanto,
 querida.
Que seas la prioridad del día.

Vas llenando mi corazón con alegría
borrando tristezas, quitando agonías.

Estás en mi pecho
cada segundo gastado
la melancolía ha dejado su lecho
pues me tienes enamorado.

Atrapado en tu cuadro pintoresco
de Picasso creación
no sé si te merezco
pero eres mi bendición.

Y con la puesta del sol
entras en mi corazón
cenicienta morena
alegras mi alma con tu tentación.

De Picasso inspiración
de mi mente la ilusión
querida, yo te adoro
y muero, si no tengo tu amor.

ME HACES FALTA

«Me hacen más falta tus cartas
que la misma vida mía
o mejor morir sería
si algún día me olvidaras»
Guillermo Castillo Bustamante. *Escríbeme* (canción, 1957).

Me hacen falta tus caricias,
el contagio de tu sonrisa,
esas frases bonitas
que a mis oídos les recitas.

Extraño el perfume de tu cuerpo
la compañía de tus suspiros.
Como lluvia de verano
saben los besos de tus labios.

Recuérdalo siempre
te amaré eternamente
nadie ocupará tu espacio
nadie jugará en tu patio.

Me acompañaré de tu sombra
siempre que la noche llegue
los fines de semana serán alegres
como si estuvieras, en mis amaneceres.

SIN VOZ Y SIN TI

«Es en este punto, donde las rosas lanzan hombres,
las calles orinan perros, los pájaros matan piedras,
los peces están llenos de mar; un edificio se suicida/
desde un hombre despechado»

Aracelis García, *Pretextos y otros males* (2011)

Con gran tristeza
despido el sol cada tarde
espero sin júbilo la noche.

Con gran angustia
me pierdo en el silencio
que dejan tus palabras.

Vuelo como pájaro sin morada
busco en tus brazos mi amparo.

¡Ay!
grita sin voz mi alma
grita sin voz mi recuerdo
grita sin voz mi melancolía.

Te amo y no tengo maneras
para hacerte saber que sin ti
la vida no existe.

ME GUSTAS

Me gustas en el sosiego
cuando hablan los suspiros
cuando calla el corazón
cuando hablan los besos.

Me gustas en el amanecer
en el murmullo de la luna
cuando espera por el sol
para arder en sueños.

Me gustas roja, blanca
negra, azul, amarilla
        …infinitud del alma.
Me gustas azucena o jazmín
mariposa, hada o bruja.

Y callan las palabras
y nuestros cuerpos hablan
y mis poros lloran tu aroma
y mis ojos, ellos te extrañan,
        …siempre.

ME ENCANTA

Me encanta
cuando ríes
cuando lloras
cuando me llamas
cuando me abrazas.

Me encanta
tu piel de seda
tu telaraña humana
tus labios de carmín
tu luna lunática.

Me encanta
tu cielo
tu universo
tu paraíso
tus montañas.

Me encanta
viajar en tu galaxia
explorar tu infierno
vivir en tu cuerpo

Extraterrestre en tu planeta
me encanta ser.

IX

Las aves anclan su vuelo
con descomunal frenesí
ellas saben lo mucho que te quiero
y las noches que pierdo pensando en ti.

Viajan livianas por la vida
sin arrogancia ni vanidad
yo recorro la vieja avenida
donde conocí la felicidad.

Quién imaginar podría
los sueños que ahí perdí
como pájaro sin alegría
en tristeza me convertí.

Las aves surcan los cielos
buscando un hogar feliz
yo viajo en busca del consuelo
que tu alma sorbió de raíz.

Tarde desperté del sueño
temprano te fuiste a dormir
camine orgulloso siendo tu dueño
engañando el dolor que me hacía sufrir.

RESISTENCIA

«Como somos imperfectos, nuestra memoria es imperfecta y sólo nos restituye aquello que no puede destruirnos»

Julio Ramón Ribeyro, *Prosas apátridas* (1986)

Aquí, al igual que allá,
es la misma cosa,
veo la luna,
se nubla el sol.
Aquí, al igual que allá
se sufre de amor.

ERES ESE ALGO PARA MÍ

Eres ese algo
por el que pierdo la mirada en el horizonte.
Ese nada
que me devuelve al adolescente ingenuo que perdí.

Ese todo
en mi ignoto universo.
Esa ráfaga de luz
que inundó de estrellas mi camino.

Por ti…
existo, vivo, sueño, corro, bailo… escribo.

Eres …
aire en mis pulmones
el **ahora** que encontré
el mañana que no quiero perder…

DESDÚDAME

«Arránqueme, señora, las ropas y las dudas. Desnúdeme, desdúdeme»
Eduardo Galeano, «La noche/2» en *El libro de los abrazos* (1989)

Sácame de esta duda
...de pensar que no me amas
...de creer que no me extrañas.

Si quieres
apuñala mi corazón
con certezas
azótame con verdades
aunque pierda la cordura.

Quítame las dudas
Prefiero la triste soledad de las verdades
que la alegre compañía de las mentiras.

EN LA CARICIA VIOLENTA DE TU BESO

¿Qué importa si la distancia extiende entre nosotros
leguas y leguas?
¿Qué importa si hay entre nosotros muchas montañas?
El mismo cielo nos cubre
La misma tierra liga nuestros pies.
En cielo y tierra es tu carne que palpita. En todo siento tu
mirada desdoblándose. En la caricia violenta de tu beso.
¿Qué importa la distancia y qué importa la montaña
Si eres la extensión de mi carne

—Vinicius de Moraes—

Antología sustancial (2013)

BESÉ

«Se amaron con el amor que no tiene palabras, que tiene solo besos. El amor que no deja rastro de sí, porque es como la sombra de una nube, la sombra fresca y ligera en que se abren las rosas»

Jaime Sabines, *Antología poética* (2005)

Besé tantas veces tus labios
que olvidé el sabor amargo del adiós.

Besé tantas veces tus manos
que olvidé la aspereza de la vida.

Besé tanto tus abrazos
que olvidé la desnudez de la ausencia.

Besé tanto tus noches y amaneceres
que el tiempo se hizo olvido y extravío.

Besé tu presente y tu pasado
hasta descubrir la infinitud.

Y...
mientras besaba tu mirada
tu besabas mi alma con tus manos.

LOCO

«voy por tu cuerpo como por el mundo,
tu vientre es una plaza soleada,
tus pechos dos iglesias donde oficia
la sangre sus misterios paralelos»
Octavio Paz, *Libertad bajo palabra* (1960).

Loco por el color de tus ojos,
el sabor de tus labios,
el latir de tu corazón,
el rojo de tu pelo,
el aroma de tu cuerpo…

Estoy perdido en la locura
…en el misterio de lo que de ti no adivino.
La ausencia de tu voz
deja en ruinas mi interior.

Soy cautivo
de las planicies de tu cuerpo.

Me extravío en tus volcanes,
en los lagos de tu abdomen

En mi desvarío
muero…
ansiando la miel amarga de tus besos.

QUIERO PROBAR

«Hay un mar que navegamos ciegos/sin comuniones que lo limpien»

Juan Gelman, *Hoy* (2014)

Quiero probar…
el sabor del cielo en tu cuello
arrojarme a la cita clandestina
en alguna esquina de tu cuerpo
ser cascada entre tus muslos
y ave que después de un largo vuelo
se posa dormida en la suavidad de tu cadera
Quiero probar
a qué sabe el mar
y de qué está hecha la luz
que me arrulla desde tu alma.

ANHELO

Anhelo
estar junto a ti
    con tu grato perfume
    impregnándose en mí.

Anhelo
que florezcas en mi jardín
    alegre jazmín.

Anhelo
saciar mi sed
    en la humedad de tus labios.
Endulzarme
    en el cañal de tus besos.

Anhelo
que el invierno se vuelva verano
    y gastarme los otoños
    en el olimpo de tus manos.
    Ser el motor de tu alegría
    la razón del brillo en tu mirada.

Tu amanecer, tu atardecer
tu noche de luna llena,
tu abrigo de invierno
tu luminosa primavera
tu eterno verano
tu amor,
solo eso
yo anhelo…

AMANTE DE LO AJENO

« El amor no se dice con nada,
ni con palabras ni con callar (…)
el amor es igual que una brasa
y una espiga de sal»

Jaime Sabines, *Antología poética* (2005)

Déjame darte un beso,
de esos que no se olvidan,
ni en otros labios,
ni en otras noches,
ni en otras vidas...

Vísteme con el desnudo de tu cuerpo
acaríciame con tu mirada
perfuma mi pecho y alma
con la exquisita fragancia del deseo.

ENCUENTRO FUGAZ

Yo era ese
parado en la orilla del camino
bajo la lluvia, bajo el frío
sin sombrilla, sin abrigo.
Tú manejabas el deportivo
me distes un aventón
salvaste mi congelado corazón.

Usurpé al verdadero copiloto,
tus ojos, eran universo infinito
un aura que invita a perderse
en ese extraño paraíso.

Y nos perdimos
entre roces y abrazos
quejidos y sollozos
disfrutando del amor.

Me he bañado tantas veces
pero el agua no limpia tu sudor
ni el perfume que en mi piel permanece
porque es la estela que sembró tu amor.

EROTISMO Y TERNURA

«Tu cuerpo es el paraíso perdido
del que nunca jamás ningún Dios
podrá expulsarme»
Gioconda Belli, *Sobre la grama* (2014)

Su erotismo y ternura
me han atrapado
entre el amor y la aventura
que tanto he disfrutado.

Su pasión y postura
me han robado
esclavizando mi compostura
que tanto he cuidado.

Su especial figura
me ha hechizado
a un grado de locura
que me ha encantado.

Su especial manera de amar
única entre los mortales
por lo que deseo continuar
disfrutando de sus cañales.

El almíbar de su beso
es arte al deseo
me siento un verso
en la rima de su embeleso.

Su incienso es una locura,
desborda mi cordura
caí en sus redes enterito
por su erotismo y ternura.

QUEDATE CONMIGO ESTA NOCHE

Quiero que te quedes
acompañándome en silencio
llenando el espacio
frotando mi cuerpo.

Deseo pasarla bien
descansado en tus brazos de placer
que los pensamientos se agoten
en el lecho de tu ser.

Quiero jugar con tu cuerpo
viajar en tus sueños
encontrar mi lucero
encender tu deseo.

Amémonos sin reparo
que nada nos arrope
saciemos la soledad
devolvámonos la vida
y que las ganas de amar
sean leños en la hoguera.

¡Quédate conmigo esta noche!

AVENTURERA

He probado tu aroma
el café de tu aliento
escuchado el silencio
que tu corazón entona.

He visto en tus ojos
el mar cristalino
y la sed del peregrino
apagada en tus antojos.

Gemelas gacelas
vuelan libremente
sobre las parcelas
de tu cuerpo indecente.

Labios incandescentes
cuánta miel destilan
cuánto amor asilan
tus besos ardientes.

Yo sentí la diosa
en una noble rosa
bella mariposa
en mi jardín, reposas.

Sorberé tu aroma
damisela hermosa
saborearé tus bromas
aventurera.

UN BESO DE AMIGOS

«Un amigo es el guante de tu corazón cuando hace frío,
el bolsillo donde guardas las cosas que no muestras,
el abrigo contra la lluvia del odio...»
Orlando Araujo, *Cartas a Sebastián para que no me olvide* (2007)

Un beso de amigos
clandestino
tiene el sabor de lo prohibido.

Un beso de amigos
que llegue escondido
en un te quiero matutino

es un túnel de luz
un sol sin noche.

Un beso de amigos
es un atardecer
de lluvias y magnolias

Un beso de amigos
es una sorpresa
que deseamos cotidiana.

Un beso de amigos
es un sueño
del que no queremos despertar

Un beso de amigos
    es la complicidad
    sin culpas, sin reproches
es la eternidad en un instante irrepetible.

FRUICIÓN

Me gustan
los besos prohibidos
los acelerados latidos
esos nervios bandidos
que se alimentan
cuando estoy contigo.

Me gusta
que beses mi cuerpo
perderme en el tiempo
eternizando el momento
de cuando nos amamos.

Me gusta
sentirme tuyo
hacer morir mi orgullo,
prestarme al embrujo
de cuando tus labios
embelesan mi ser.

HOY TE SIENTO MÍA

Desnuda del pasado
sin aprensiones
ligera como un soplo
entre pétalos.
Caricia tierna
que calma
la arena ardiente
de esa playa desierta
que es mi vida.
Hoy
nada existe
solo tu palpitar agitado
la palabra no dicha
y tu corazón
descalzo.

ACERCA DEL AUTOR

PEDRO VÁSQUEZ

Pedro Vásquez nació en la ciudad de Lolotique, San Miguel, El Salvador. Licenciado en Ciencias Económicas, con un diplomado en música y tecnología en sonido. Exdirector del Ministerio de Alabanza de la Iglesia Asambleas de Dios «Casa de Dios Viviente», Houston, Texas, donde colaboró en la formación y enseñanza musical del ministerio juvenil. Actualmente estudia una maestría en pedagogía y enseñanza musical.

Reside en la ciudad de Houston, Texas. Forma parte del grupo poético «Conversando a través de la Poesía», miembro del grupo literario «Poetas Houston» y de la organización «Mi Libro Hispano», fundada por Pilar Vélez, plataforma que lo ayudó a crecer como poeta abriéndole las puertas y dándolo a conocer en Suramérica.

Su pasión por la poesía comenzó a los dieciséis años, como resultado de la influencia que le inculcó su profesor de literatura, Rubén Cerna García, quien fue el primero en descubrir su potencial y llevarlo a despertar la pasión por las letras.

Su obra literaria y poética se ha dado a conocer a través de las antologías *Expresiones de hermandad, Expresiones de sublime fantasía* y *Entre el fuego y la pasión*, publicadas por el grupo literario «Conversando a través de la Poesía». Su exitosa carrera en el mundo de las letras sigue en marcha: su primer libro publicado, el poemario *Se nos enfrió el café* (Snow Fountain Press, 2020), obtuvo el Primer Lugar en North Texas Festival Book (2020).

Entre otros premios se cuentan:

- Premiado por Conversando a través de la Poesía por el poema «Quiero estar contigo», publicado en la antología del 2016.
- Primer Lugar, IV Concurso Internacional de Poesía «José Martí», por el acróstico «Cuba Libre Vive», Casa Cuba de Houston, 2017.
- Mención de Honor, Cuéntale tu Cuento a La Nota Latina, 2017.
- Mención de Honor en México en el concurso de cuentos cortos «Todos somos inmigrantes», 2017.
- Diploma a la mejor poesía romántica en la celebración del Día de la Cultura Salvadoreña, Foun Salvation Inc. Houston Texas, 2018.
- Tercer lugar en el V Concurso Internacional de Poesía «José Martí», Casa Cuba de Houston, 2019.
- Reconocimiento por parte de Mundo Literario Universal por su participación en el primer evento literario realizado por la Biblioteca Pública de Dickinson, Texas, 2019.
- Primer lugar en North Texas Festival Book con su poemario *Se nos enfrió el café*, 2020.
- Premio a la excelencia por Casa Cuba de Houston por su contribución a través de ensayos y poesía con temática social a favor de los derechos humanos y de algunos personajes importantes en la historia de Cuba, 2021.

www.ingramcontent.com/pod-product-compliance
Lightning Source LLC
LaVergne TN
LVHW051017080826
845145LV00009B/2664

* 9 7 8 1 9 5 1 4 8 4 8 0 4 *